Inhalt

Abomarketing - Kunden mit Geschenken ködern

Kernthesen

Beitrag

Fallbeispiele

Weiterführende Literatur

Impressum

GENIOS WirtschaftsWissen Nr. 03/2008 vom 05.03.2008

Abomarketing - Kunden mit Geschenken ködern

K.Zirkel

Kernthesen

- Immer weniger Verbraucher lassen sich durch ein Abonnement binden: 60 Prozent kritisieren eine festgesetzte Mindestbezugsdauer.
- Statt Prämien als Geschenk für ein Abo bevorzugen Neukunden Rabatte, wie zum Beispiel einen vergünstigten Einzelpreis für das Produkt.
- Im Visier der Verlage ist immer häufiger die Zielgruppe der Jugendlichen: Sie sind die Abonnenten von morgen und schon allein angesichts der demografischen Entwicklung eine attraktive Zielgruppe.

Beitrag

Die Zeiten für Aboanbieter sind hart. Kunden lehnen langfristige Bindungen und Verpflichtungen immer häufiger ab, Drücker-Kolonnen und unerwünschte Anrufe von Call-Centern kratzen stark am Image von Zeitungs- und Zeitschriftenabos. Eine ausgefeilte Kundenansprache wird immer wichtiger.

Ein Produkt im Abonnement zu verkaufen bringt einem Unternehmen gleich mehrere Vorteile: Zum einen wird mit einem einmaligen vertrieblichen Aufwand ein regelmäßiger Umsatz und Deckungsbeitrag generiert. Zum anderen sind Abos ein wichtiges Instrument, um Kunden langfristig an ein Produkt zu binden. Ziel des Unternehmens ist es eine große Zahl von Abonnenten für ein Produkt zu gewinnen, den Kunden möglichst langfristig zu binden und diese Kundenbeziehung für weitere Marketingmaßnahmen zu nutzen.
Die Herausforderung für Aboanbieter ist groß, denn die Bereitschaft der Kunden sich über einen längeren Zeitraum an ein Produkt zu binden, nimmt immer mehr ab. Oftmals weckt schon allein der Begriff Abonnement negative Assoziationen. Um den Eindruck einer dauerhaften Abnahmeverpfllichtung zu vermeiden wird der Begriff Abonnement oft nicht genannt, versteckt oder mit Formulierungen

umschrieben, wie zum Beispiel Aufnahme in die Reservierungsliste oder Anrecht auf die Vorstellung weiterer Ausgaben. Kritisiert wird zudem eine festgeschriebene Mindestbezugsdauer: 60 Prozent erklären, dass dies bei der Wahl für ein Abo eine große Rolle spielt. (1), (2)

Rabatte bevorzugt

Um neue Märkte zu erschließen und zügig einen Stamm von Abonnenten aufzubauen, bezuschussen viele Unternehmen Erstlieferungen mit attraktiven Prämien. Denn es hat sich gezeigt, dass ein hoher Anfangsbestand neuer Abonnenten, die Erstlieferungen abgreifen und dann aus dem Abo aussteigen, unter dem Strich Gewinn bringender sind als eine geringere Zahl neuer Abonnenten, die aber stabil in ihrem Abo verweilen. Viele Unternehmen setzen daher auf eine große Zahl von Bestellern von Erstlieferungen und nehmen Kündigungen nach den ersten Lieferungen billigend in Kauf.
Doch die angebotenen Prämien erfüllen laut einer Studie der Hochschule Anhalt häufig nicht ihren Zweck. Anstelle des häufig angebotenen Büro- und Computerzubehörs bevorzugen Neukunden die weitaus seltener angebotenen Gutscheine und Rabatte. Auch Veranstaltungstickets stehen weitaus

höher in der Gunst der Neukunden als die Küchen- und Haushaltsprodukte, die viele Unternehmen standardmäßig in ihrem Sortiment haben. Der Wert der Prämie variiert je nach Bezugsdauer des Abonnements. 89 Prozent der Neukunden halten Prämien im Wert zwischen zehn und 30 Euro für angemessen; wenn das Abo unter sechs Monaten dauert, zwischen 50 und 60 Euro für ein Abo mit einer Laufzeit von über 18 Monaten und mehr als 120 Euro für eine Laufzeit von über drei Jahren.
Seit einigen Jahren werden zunehmend höherwertige Prämien angeboten, für die die Neukunden eine Zuzahlung leisten müssen. Doch nur jeder Dritte interessiert sich für derartige Angebote und ist bereit durchschnittlich 28 Euro zu bezahlen. Die Strategie von Unternehmen, Kunden mit Selbstbeteiligungen zwischen 50 und 100 Euro zu locken, geht meist nicht auf. Weitaus beliebter sind rabattierte Angebote nach dem Prinzip zwölf Monate lesen, zehn Monate bezahlen. Als Prämie für ein Tageszeitungsabo sind vor allem technische Produkte geeignet, die die schwer erreichbare Zielgruppe der jüngeren Leser ansprechen. (1), (2)

Wichtig ist, dass jede Abo-Lieferung Vorfreude auf die nächste Lieferung macht, zum Beispiel durch Gewinnspiele. Diese sind zudem hervorragend dazu geeignet, das Einverständnis der Kunden für eine telefonische Ansprache einzuholen. Auch Gratis-

Zugaben, die in engem thematischen Zusammenhang mit dem Abo stehen, sind beliebte Marketing-Maßnahmen, um Kündigungen vorzubeugen. Hilfreich für eine Stabilisierung der Abonnentenzahlen ist neben einer regelmäßigen Lieferung vor allem der Bankeinzug. Solange sich der Kunde nicht bei jeder Lieferung mit dem Zahlungsverkehr beschäftigen muss, entfallen auch die Gelegenheiten, bei denen sonst schon mal die Kündigung eingereicht wird. (1), (2)

Abo-Konzepte

Welche Art des Abos eingesetzt wird, hängt sowohl von den Produkten als auch von der Zielgruppe ab. Hier ein kurzer Überblick:

Zeitschriften-Abo

Diese Form des Abos muss lediglich verkauft werden und anschließend mit hoher Zuverlässigkeit beliefert werden.

Neuheiten-Abo

Das Unternehmen sichert dem Abonnenten zu, ein neues Produkt aus einer vorab definierten Serie zu liefern, sobald dies verfügbar ist. Der Abonnent muss hierzu nicht noch einmal aktiv werden. Beispiele: Die Sondermarken der Deutschen Post, die die Deutsche-Post-Philatelie im Abo an die Kunden ausliefert.

Themen-Abo

Das Unternehmen bietet eine Zusammenstellung thematisch zusammengehöriger Produkte an, die in mehr oder weniger regelmäßigen Abständen an die Abonnenten geliefert werden.Diese Art des Abonnements verlangt ein gewisses Maß an Kreativität von Seiten des Anbieters, bietet aber auch die Möglichkeit bessere Deckungsbeiträge zu erzielen. Es werden zwei Varianten unterschieden: Ein geschlossenes Themen-Abo besteht aus einer vordefinierten Zahl von Produkten und Lieferungen, ein offenes Themen-Abo ist auf unbefristete Dauer angelegt. Die PANINI-Sammelalben sind ein Beispiel für ein geschlossenes Themen-Abo, wobei das Sammelalbum den begrenzenden Rahmen darstellt und die Bilder die endliche Anzahl von Sammelprodukten; Vino Select! von Hawesko ist ein Beispiel für ein offenes Themen-Abo: Das Unternehmen stellt seinen Abonnenten jedes Quartal eine Auswahl von Weinen zusammen und lässt sie ihnen zukommen.

Auswahl-Abo (auch Fehllisten-Abo)

Bei dieser Form des Abonnements teilt der Abonnent dem Anbieter mit, welche Stücke er besitzt bzw. welche Stücke ihm noch fehlen (Fehlliste) und der Lieferant füllt diese Lücken zu vorab festgelegten Konditionen hinsichtlich Lieferrhythmus und Preis. Beispiel: die 10-DM-Gedenkmünzen, die anlässlich der Olympischen Spiele 1972 in München herausgegeben wurden. Es gibt sechs verschiedene Motive, der Umfang der Sammlung ist also eindeutig festgelegt. (1)

Fallbeispiele

Abonnenten des Magazins **Spiegel** erhalten neben einem vergünstigten Heftpreis einmal monatlich den KulturSPIEGEL als Zugabe, Studenten zusätzlich den UniSPIEGEL sowie einen kostenlosen Zugang zum E-Paper. Um Aufmerksamkeit und Interesse zu erregen setzt das Anzeigenmarketing immer wieder auf ungewöhnliche Prämien zur Neukundengewinnung, wie beispielsweise einen Flug mit einer Cessna oder eine Märklin-Eisenbahn mit einem exklusiv für den Spiegel gestalteten Waggon. Im Rahmen eines Gewinnspiels zur Formel 1 in Monza wurde zudem ein ferngesteuerter Ferrari als Prämie angeboten. Besonders beliebt sind zudem Geldprämien und Gutscheine, aber auch Unterhaltungselektronik wie iPods und Digital-Kameras. (3)

Abonnenten der Zeitschrift **Brigitte** erhalten jeden Monat einen Kalender als Zugabe oder werden zu kulturellen Veranstaltungen wie zum Beispiel zur MOMA-Ausstellung eingeladen, die an einem Abend exklusiv für Brigitte-Abonnenten öffnete. Zudem werden ihnen Preisvorteile bei Brigitte-Produkten eingeräumt. (4)

Die **Westdeutsche Allgemeine Zeitung (WAZ)** startete mit der Aktion Mein erstes Abo - Die Abo-Aktion für Unternehmen den Versuch junge Leser als Abonnenten zu gewinnen. Dazu sollten Unternehmen vom Wert eines Zeitungs-Abos für die Ausbildung überzeugt werden und dieses ihren neuen Azubis schenken. Für fünf bestellte Abos für ihre Auszubildenden erhielten die Unternehmen einen Auftritt in einer Imageanzeige geschenkt, die im Verbreitungsgebiet unter dem Motto Wir machen mit geschaltet wurde. (5)

Amerikanische Verlage, allen voran die **Musikmagazine Paste** und **Premier Guitar**, bieten ihren Abonnenten derzeit ein ungewöhnliches Preismodell an: Nach dem Motto Zahl so viel, wie Du willst können Leser bestimmen, wie viel Geld sie für ihr Abonnement bezahlen möchten. Die Idee des freiwilligen Zahlungsmodells stammt ursprünglich von der britischen Rockband Radiohead, die unter diesem Motto vor wenigen Wochen ihre neue CD im Internet anbot. (6)

Weiterführende Literatur

(1) Der Abonnement-Markt im Blick Verkanntes Marketing-Instrument
aus Direkt Marketing, Heft 12/2007, S. 68-73

(2) Rabatt als Abo-Prämie sticht
aus HORIZONT 41 vom 11.10.2007 Seite 063

(3) O.V., "Wir nennen es Hausfrauen-Test", Spiegel Online, 15.06.2007
aus HORIZONT 41 vom 11.10.2007 Seite 063

(4) Treue kann teuer werden
aus Der Kontakter Nr. 39 vom 24.09.2007 Seite 027

(5) "Abos für Azubis" als Leseanreiz, medien aktuell, 6.08.2007, S. 2

aus Der Kontakter Nr. 39 vom 24.09.2007 Seite 027

(6) Abonnenten sollen zahlen, was sie wollen
aus Der Kontakter Nr. 47 vom 19.11.2007 Seite 035

Impressum

Abomarketing - Kunden mit Geschenken ködern

Bibliografische Information der deutschen Nationalbibliothek

Die Deutsche Nationalbibliothek verzeichnet diese Publikation in der deutschen Nationalbibliografie; detaillierte bibliografische Daten sind im Internet über http://dnb.d-nb.de abrufbar.

ISBN: 978-3-7379-0749-1

© 2015 GBI-Genios Deutsche Wirtschaftsdatenbank GmbH, Freischützstraße 96, 81927 München, www.genios.de

Alle Rechte vorbehalten. Dieses Werk ist einschließlich aller seiner Teile – z.B. Texte, Tabellen und Grafiken - urheberrechtlich geschützt. Jede Verwertung außerhalb der Grenzen des Urheberrechtsgesetzes bedarf der vorherigen Zustimmung des Verlags. Dies gilt insbesondere auch für auszugsweise Nachdrucke, fotomechanische Vervielfältigungen (Fotokopie/Mikroskopie), Übersetzungen, Auswertungen durch Datenbanken oder ähnliche Einrichtungen und die Einspeicherung und Verarbeitung in elektronischen Systemen.